Utes Geschichte

Tommy

Das große Yorkiebuch

Die kleinen Gläser

Tom und Jerry

Abenteuer mit >ORION<

Unser Haus in Spanien

Horst der Seefahrer

Herstellung und Verlag: BoD - Books on Demand, Norderstedt
ISBN 978-3-7431-3351-8

# EIN HALBES LEBEN

## für die

## HUNDE

# **EIN HALBES LEBEN FÜR DIE HUNDE**

Ich glaube, es ist mal wieder eine kleine Geschichte fällig. Die Geschichte von UTE, hier in Spanien. Aber dazu muss ich erst einmal überlegen, wie ich da so anfangen soll.
Es begab sich im Jahre 2007, ich glaube es war im März. Wir wohnten noch auf unserer >ORION<, im Hafen von Los Nietos

Um uns mit dem nötigen Trinkwasser zu versorgen, sind wir immer mit so ca. 25 Fünfliterkanistern zur Quelle nach Los Belones gefahren. Während ich an der Quelle am Wasserhahn hockte, ging Ute mit unseren Hunden spazieren.

Eines Tages, Ute war wieder mal mit unseren Hunden auf Wanderschaft, während ich wieder an der Quelle hockte und unsere Wasserkanister füllte, kam sie wieder, und erzählte mir, das sie ein Hunde-Tierheim gesehen hätte, war aber leider abgeschlossen, und es war auch keiner da. An der Türe war ein kaum noch leserliches Schild mit Telefonnummer, aber alles natürlich in spanischer Sprache.

Na ja, schauen wir mal beim nächsten Wasserholen. Wie gesagt, beim nächsten Wasserholen von der Quelle ist Ute wieder mit unseren Hunden losgelaufen. Dieses mal hatte sie „Glück", das Tierheim war offen, weil jemand da war. Dieser Jemand war Marita, glaube ich wenigstens. So konnte Ute sich alles ansehen, und erfuhr so ganz nebenbei, das immer helfende Hände benötigt werden. Das war ja was für Utes tierliebende Ohren, und somit wurde Utes weiteres Leben in die jetzige Richtung gelenkt!!! Warum auch nicht??? Einmal die Woche „Tierheimdienst", und sich um die Hunde, allesamt ausgesetzt und weggeworfen, kümmern, ist doch eigentlich eine schöne, ehrenamtliche Aufgabe. Damals konnte natürlich noch keiner, auch nur im entferntesten, ahnen, wie das so weiterlaufen würde.

Zu der Zeit hatten wir auch noch kein Internet, und wir hatten auch noch keinen Überblick, was so alles mit spanischen Hunden passiert. Es ist ein riesiges Trauerspiel. Aber die spanische Mentalität können wir nun mal nicht ändern, aber versuchen, den Hunden zu helfen, das können wir!!!

Wie gesagt, wir lebten ja noch im Hafen von Los Nietos auf unserem Schiff, und hatten demzufolge auch nicht übermäßig viel Platz, aber so ab und an haben wir doch einen kleinen Hund, den Ute mitgebracht hat, oder den wir irgendwo gefunden haben, bei uns vorübergehend aufgenommen.

**ZORRO**

**BENJI**

**MINERO**

**RONJA**

Im Lauf der Jahre hat Ute durch das Tierheim natürlich viele Menschen aller möglichen Nationen kennen gelernt. Einen Schlüssel vom Tierheim hatte sie inzwischen ja auch schon längst. Sie fuhr ja oft zum Tierheim, um sich um die Hunde zu kümmern. Es gab Zeiten, in denen Ute, wegen Personalmangel, 5 bis 6mal in der Woche im Tierheim war. Es macht ihr auch immer viel Freude den Hunden zu helfen, und für Ordnung im Tierheim zu sorgen.

Einige Vorteile hatten wir allerdings, durch Susanne, die nette Leiterin des Tierheims, auch. Sie hat uns so einige male bei Übersetzungen geholfen. Susanne hatte das Tierheim vor so ca. 20 Jahren gegründet.

Im Jahre 2008 bekamen wir dann endlich einen guten Internet- Anschluss, und wenig später begann für Ute erst die „richtige, ehrenamtliche, Arbeit". Über Internet lernte sie noch viel mehr Menschen, die in Sachen Tierschutz tätig sind, kennen.

Im Mai 2008 sind wir dann vom Schiff zum Caravaning La Manga umgezogen, und haben eine Parzelle gekauft.

Hier haben wir mehr Platz, und somit auch mehrere Hunde, allerdings nur zur Pflege und zum Weitervermitteln. Manchmal wird es aber auch zu viel, aber was soll man machen???

Zwischendurch hat Ute auch noch 2 DVD's über das Tierheim und die Hunde angefertigt.

Aber das ist ja noch lange nicht alles. Irgendwie hat Ute eines Tages das Staatliche Tierheim CATAD, eine „Tötungsstation", in Cartagena kennen gelernt.

Dort waren, und sind immer noch, viele Hunde, die abgegeben worden sind, oder die von Hundefängern eingefangen wurden. Diese Hunde, und auch Katzen, werden nach einigen Tagen, wenn keiner sie kauft, getötet. Und das ist etwas, was wir, und unsere Freunde, überhaupt nicht vertragen können, aber, wie gesagt, auch hier können wir nur versuchen den Hunden und Katzen zu helfen.

Nun wollte Ute natürlich viele Hunde vor ihrem Schicksal bewahren, aber das war gar nicht so einfach. Bei dem ersten Hund, ein kleiner Yorkshire-Terrier, ging das noch relativ einfach. Es wurde bei CATAD ein Formular ausgefüllt, dann musste Ute 25,00 € bezahlen, und gut war's. Der kleine Hund wurde, weil er zu schwach war, nicht kastriert, aber gechipt und geimpft. Eine Woche später konnten wir den Hund dann bei CATAD abholen. Normalerweise kann man keinen unkastrierten Hund bei CATAD wegholen, aber Ausnahmen werden doch schon mal gemacht. Wenn ein Hund zu schwach, oder noch zu jung ist, geht das auch schon mal ohne Kastration.

Nun hatte Ute ihren ersten Hund vor der sicheren Tötung gerettet!!! Den Kleinen haben wir dann erst einmal auf unserer Parzelle aufgepäppelt. Einige Wochen später hat Ute dann den kleinen Yorkshire an eine Bekannte hier auf dem Caravaning vermittelt, und dem geht es noch immer gut.

**FELIX**

Hunde aus dem Tierheim hatte Ute ja schon des öfteren an Bekannte vermittelt, aber das war der erste Hund, den Ute vor der sicheren Tötung gerettet hat!!!

**BOBBY**

Bei CATAD sind ja immer viele superschöne Hunde, die kaum noch Hoffnung auf ein schöneres Leben haben.
Etwas später wollte Ute wieder einen Hund aus der Tötung holen, kein Problem, das Formular wurde bei CATAD ausgefüllt, aber den Hund bezahlen konnte Ute leider nicht an Ort und Stelle. Zum Bezahlen musste sie zu einer bestimmten Bank fahren, die 25,00 € bezahlen, wieder zurück zu CATAD, und die Bankbestätigung dort abgeben. Daraufhin wurde der Hund dann kastriert, gechipt und geimpft. Ein paar Tage später konnte Ute

dann den Hund abholen. Beim nächsten Hund, den Ute von CATAD kaufen wollte, gab's auch kein Formular mehr bei CATAD, das musste Ute in Cartagena, beim Rathaus, oder bei einer Außenstelle, anfertigen lassen. Dann bei einer bestimmten Bank die Gebühr einzahlen, mit der Bankbestätigung zu CATAD fahren, und dann konnte Ute einen Hund retten. Ganz schön umständlich, aber was soll's. Die Hunde können ja nichts für die spanische Bürokratie.

Das ging dann einige Zeit so weiter, und Ute holte immer mehr Hunde aus der Tötung, und hat alle nach Deutschland vermitteln können. Die Anfragen nach kleinen Hunden kamen immer häufiger, und alles per Internet, und Ute hatte nun stundenlang Arbeit am Computer, und alles EHREHAMTLICH. Die Kosten für den Hundekauf von CATAD, für die noch nachfolgenden erforderlichen Impfungen, den Europass, Buchungen der Hundeboxen bzw. für Handgepäck-Hunde, und das Spritgeld bekommt Ute von den neuen Besitzern bzw.

von dem Tierheimleuten, die in Deutschland weitervermitteln, ersetzt. Anders geht so was auch gar nicht.

Soweit, so gut, nach einigen Monaten hat die Stadt Cartagena den Preis von 25,00 € pro Hund auf 50,00 € angehoben!! Na ja, dachten wir, ist sicherlich auch nicht schlecht, dann kommen bestimmt weniger Spanier, die Hunde kaufen, vor allen Dingen vor Weihnachten, und sie nachher wieder wegwerfen, weil sie doch lästig werden.

Na ja, für Ute ging alles so weiter. Hunde wurden gekauft, bei uns oder bei Freunden auf dem Caravaning vorübergehend betreut, gepflegt und wieder an ein „normales Hundedasein" gewöhnt. Unterdessen bemüht Ute sich am Computer um die Vermittlung. Das klappt natürlich nicht immer sofort, denn es werden auch immer die entsprechenden „Flugpaten" benötigt, und es muss auch immer mit der Abholung in Deutschland, vom entsprechenden Flughafen klappen. Telefonnummern müssen ausgetauscht, und Absprachen getroffen werden. Alles per Internet, und Ute ist (fast immer) mit Begeisterung dabei. Und sie ist immer glücklich, wenn alles geklappt hat. Was allerdings nicht immer klappt, ist die Rückmeldung, ob alles im Lot ist, und, was viel schlimmer ist, wie es den Hunden bei ihrer neuen Familie geht.

Wenn sich dann ein Flugpate gefunden hat, bringen wir ihn mitsamt Hund zum Flieger nach Alicante und checken dann den Hund auch ein. Der Flugpate nimmt dann in Deutschland am Flughafen den Hund mit zum Ausgang, wo dann der Abholer schon wartet. Das wird aber vorher alles besprochen.

Nun aber wieder zurück zum Hundekauf. Vor etwa zwei Monaten hat die Stadt Cartagena, da der Staatssäckel wohl leer ist, den Preis pro Hund von 50,00 € riegeros auf 115,00 € angehoben, ohne irgendeine Erklärung. Ab sofort holen wir, zum Leidwesen der Hunde, keine Hunde mehr aus der Tötung CATAD. Das supernette Personal bei CATAD, und am wenigsten die Hunde können etwas gegen diese, für uns unbegründete, Preiserhöhung ausrichten, und wir schon gar nicht. Wir werden in Zukunft die Hunde aus anderen Tierheimen holen, davon gibt's hier in der Gegend genügend, leider!!! Es geht uns nicht um den Preis, nein uns geht diese Willkür gegen den Strich!! Müssen wir nicht unterstützen!!

Durch Utes Tätigkeit für die Hunde ist es auch schon vorgekommen, das Ute, zwecks Einfangen eines soeben vermittelten Galgos nach Nürnberg, dorthin fliegen musste, um den, bei der Übergabe entwischten Hund, wieder einzufangen. Oder auch das Ute nach Nürnberg zum Hundetreffen eingeladen wurde. Da konnte sie dann einige ihrer vermittelten Hunde besuchen.

So hin und wieder fliegt Ute auch mal nach Berlin, und bringt Hunde und Katzen zu Beate, die diese dann weitervermittelt.

Tja, mittlerweile hat Ute schon fast 100 Hunde vermittelt, und fast alle waren zwischenzeitlich für kürzer oder auch länger bei uns oder bei unseren Freunden hier auf dem Caravaning. Wenn ein Hund länger bei uns war, manchmal sind's schon bis zu 6 bis 8 Wochen, fällt der Abschied doch manchmal recht schwer, und so manche Tränen sind dann nicht immer zu vermeiden.

Die Vermittlung nach Deutschland macht Ute nur noch über einen Tierschutzverein. Bei einer „Direktvermittlung" kann man unter Umständen böse Überraschungen erleben. Zuerst ist die Freude auf einen Hund von Ute riesig groß, und wenn der Hund dann da ist, ist Tagelang nur Friede, Freude, Eierkuchen, und auf einmal passt der Hund nicht mehr ins „häusliche Gefüge". Tierschutzvereine in Deutschland würden in solchen Fällen den Hund zurücknehmen, um ihn dann anderweitig zu vermitteln. Bei einer „Direktvermittlung" ist das nicht möglich, denn dazu müsste der Hund ja wieder nach Spanien zurückgebracht werden, denn diese Leute wollen ja nicht warten, ob sich jemand anders für diesen Hund interessiert, die wollen ihn einfach wieder los werden. Es ist daher auch schon vorgekommen, das der Hund mit dem „Landtransport", allerdings gegen Bezahlung, wieder nach Spanien zurück geschickt wurde. So etwas ist für alle Beteiligten recht unangenehm und stößt nur auf Unverständnis. Auch Hunde müssen sich erst einleben!!!!

Auch kommt es schon mal vor, das Ute eine Pflegestelle in Deutschland gefunden hat, und auch einen Flugpaten, und eine Box im Flieger und dann bringt irgendeine

„Unflexibilität" alles zum Scheitern. So etwas ist dann für alle, die sich bemüht haben, alles auf die Reihe zu bekommen, äußerst frustrierend, und Ute möchte am liebsten alles hinschmeißen. Aber damit ist den Hunden auch nicht geholfen!!

Aber die schönen Momente überwiegen doch immer wieder. Wenn dann von vielen vermittelnden Hunden die Rückmeldungen, in Form von Briefen, Bildern oder Videos, kommen, und das auch manchmal über Monate und Jahre, ist alles im „Lot". Das ist dann immer ein super Gefühl für Ute und für alle, die mithelfen, und genügend Motivation, weiter zu machen.

Aber auch das ist noch nicht genug. Vor Weihnachten ist Ute auch noch, mit ihren DVD's, selbstgemachten Wachskerzen, Büchern, und sonstigen Kleinkram auf dem Weihnachtsbasar im El Mirador auf dem Caravaning, oder auch auf dem Weihnachtsmarkt auf der

La Manga zu finden. Der Erlös ist natürlich nur für die Hunde im Tierheim in Los Belones!!!

Wer nun denkt das wäre alles, der hat sich gewaltig getäuscht. Zur Zeit kaspert Ute stundenlang per Internet und Telefon mit etlichen Leuten rum, um so etliche Hunde aus einer privaten Hundehaltung in La Union, welche von der Polizei Zwangsgeschlossen wurde, irgendwo unterzubringen. Alles nicht so einfach, sehr aufwendig. Aber der Erfolg ist Motivation!!!!

Horst Friese  Nov. 2013

# DAS GROBE

# YORKIEBUCH

**Horst Friese**

# DAS GROßE YORKIEBUCH

Quatsch, es handelt sich hier um das Leben eines einzigen YORKSHIRE – TERRIERS!!!

## > FELIX <

Die Geschichte begann so im Jahre 1980. Ich hatte als Bauleiter eine Baustelle in Hamburg, und zwar im Auftrag der Hamburger Gaswerke. Wir hatten den Auftrag alle, sich im Bereich von Brücken befindlichen, Gasrohrleitungen zu erneuern. Ebenso auch so einige Gasleitungen mitten in Hamburg. Auftragsdauer ca. zwei Jahre. Da die Verkehrsabsicherung sich als sehr Umfangreich und Aufwändig erwies, haben wir eine kompetente Verkehrsabsicherungsfirma mit der jeweiligen Baustellen-, und Verkehrsabsicherung beauftragt. Schon bei der ersten Baubesprechung im Büro dieser Firma, schlug das Schicksal wiedereinmal zu, und ich hatte mich in die Sekretärin des Chefs verkuckt. Warum auch nicht, ich war Single, und sie, wie sich herausstellte, auch!! Evelyn hieß sie, und sie hatte einen Hund, einen Yorkshire-Terrier. Zu der Zeit konnte ich allerdings noch nicht ahnen, wie sehr man an solch einen kleinen Kerl hängen kann!!! Unser erstes Treffen fand noch ohne Hund statt, da Evelyn ja auch noch nicht die Reaktion voraussehen konnte. Sie hatte den Yorkie schon fast zwei Jahre, und wusste, das Yorkies, als „Verkappte Rottweiler", immer den „Boss" rauskehren wollen. Aber dann habe ich den kleinen „FELIX", so hat sie den Kleinen genannt, auch kennen gelernt, und wir haben uns sofort super verstanden, und das, wo ich doch überhaupt keine Ahnung von Hunden hatte. Felix hatte einen ellenlangen Stammbaum, und hieß eigentlich „Antong vom Kedinger Haus", aber wer kann schon so seinen Hund rufen?!?! Unmöglich!! Also hatte sie ihn einfach „FELIX" genannt, passte auch viel besser zu dem Kleinen.

Felix war ein richtig „Kerniger" Hund, so ca. 24cm hoch, mit spitzen Ohren und kerngesund, aber mit jede Menge Unsinn im Hirn. Felix mochte auch gerne Boot fahren. Eines Tages, es war ein wunderschöner Sommertag, und wir lagen mit unserem Boot >ORION<, wie schon in meiner Geschichte „NAVIGARE VIVERE EST" geschildert, in Stove, an der Elbe. Der dortige Campingplatz hatte ein gutes Restaurant, und einen EDEKA - Laden. Wir gingen, natürlich mit Felix, über den Elbdeich zu diesem Laden, um etwas einzukaufen.

Unterwegs begegnete uns ein etwas dicklicher Mensch mit seinem Dackel. Felix wollte mit dem Dackel spielen, doch das passte diesem Menschen anscheinend überhaupt nicht. Er riss seinen Dackel hoch, und lief weiter in Richtung Elbdeich. Ich glaube unser Felix war ein wenig beleidigt, aber was solls. Beim Einkaufen blieb er ganz friedlich vor dem Laden sitzen. Anbinden brauchten wir ihn nicht. Als wir dann zurück zu unserem Boot gingen, und über den Elbdeich kamen, saß dieser etwas dickliche Mensch, bekleidet nur mit einer kurzen Hose, am Deich in der Sonne. Wir gingen hinter ihm vorbei, und was macht Felix?!? Er stellte sich genau hinter diesen Menschen, über den er sich wohl geärgert hatte, hob das Bein, und der Strahl ging genau in des Menschen Hose!!!

Wir sind dann ein wenig schneller weiter gegangen, und Felix kratzte auch, nach Beendigung seiner unschönen Tätigkeit, schnellstens die Kurve. Der „arme Mensch" saß wie versteinert am Deich und rührte sich überhaupt nicht. Entweder hat er nix gemerkt, oder er war starr vor Schreck. Wie dem auch sei, wir haben ihn nie wieder gesehen. Das war eben „Felix Rache"!!! Das Bild sehe ich heute noch vor mir. So sind sie nun einmal, diese Yorkshire Terrier.

Mit seinem Futter war das auch so eine Sache, gefressen hat Felix noch lange nicht alles. Der war ja so was von wählerisch, unglaublich. Hundefutter, wie Pal und so etwas, hat er überhaupt nicht angerührt. Mit Vorliebe fraß er „CHEBA", Katzenfutter, aber wenn es Schnitzel, Steak, Bratwurst, Rollbraten, oder sonst was Gebratenes, gab, hat er natürlich auch sein Cheba stehen gelassen. Der Rollbraten musste natürlich eine schöne knackige Kruste haben. Und alles musste leicht gewürzt sein, sonst war nix!! Viele Jahre später, als das Hundfutter „CÄSAR" erfunden wurde, da hat sich das geändert. Dieses Cäsar mochte er sehr gerne?!?!

Ich kann mich heute noch erinnern, als wir damals mal bei Freunden auf deren Boot zum Essen waren, und es Steaks gab. Ein Steak war natürlich für Felix, welches unsere Freundin schön klein geschnitten, und auf einem Bierdeckel für Felix serviert hatte. Felix hat nur geschnuppert, aber angerührt hat er nichts. Nanu, ist Felix etwa krank?? Nein!! Das Steak kam auf einen Teller, und dann hat er reingehauen, wie verrückt. Vornehm geht die Welt zugrunde!!

Wenn wir beim Schlachter einkaufen waren, konnten wir die Wursttüte ruhig im Auto stehen lassen, wenn wir noch etwas anderes besorgen wollten. Felix klaute keine Wurst, obwohl er es ja liebend gerne getan hätte. Aber wenn wir dann mit unseren Einkäufen zu Hause waren, und die Wursttüte hochhoben, hatte diese keinen Boden mehr, den hatte Felix rundherum fein säuberlich durchgeknabbert, aber der Wurst fehlte nichts, die war immer noch total eingewickelt. Haben wir eigentlich nie verstanden, war aber so, unglaublich!!! Und alles, was in den Augen von Felix lecker war, und in den Kühlschrank kam, wurde von ihm bewacht, der Kühlschrank wurde vorerst nicht mehr aus den Augen gelassen. Irgendwann musste das ja wieder herausgeholt werden. Was das Unwahrscheinlichste war, für mich eigentlich unbegreiflich, Felix fraß überhaupt keinen Müll. Auch nahm er von Fremden überhaupt kein „Leckerli". Auch nicht von unseren Bekannten oder Freunden. Erst wenn Felix diese gut kannte, dann änderte sich das, aber das dauerte lange.

Felix war ein sehr unruhiger Geist, wie fast alle Yorkies. Eines Tages, wir waren irgendwo auf dem Lande in einem kleinen Laden einkaufen, kam die Verkäuferin ganz aufgeregt angelaufen. Ihr Hund steht auf dem Autodach!! Tatsächlich!! Ich hatte das Schiebedach offen gelassen, und Felix war auf die Rücklehne, dann auf die Kopfstütze, und dann auf das Dach geklettert, und genoss die freie Rundumsicht.

Eine andere Geschichte von Felix: Wir machten mit unserem Boot in der Elbbucht vor Stove, wie in der Geschichte „NAVIGARE VIVERE EST" schon beschrieben, fest. Wie immer, Felix ging an Land, um sein kleines „Geschäft" zu machen. Wie immer, kam er nach so einigen Stunden wieder, fürchterlich am Grinsen, kam uns wenigstens jedes Mal so vor, zurück an Bord. Was hat der denn nun schon wieder angestellt???? Das wiederholte sich jedenfalls des öfteren, und er hat uns natürlich nix verraten. Eines abends gingen wir, natürlich mit Felix, in das schöne Restaurante am Campingplatz. Wir saßen dort, und tranken in aller Ruhe unseren „Charly" als ein Gast die gute Stube betrat, vor Felix stehen blieb, und ihn recht seltsam ansah. Dann, zu uns gewandt, fragte er, ob das unser Hund sei? Ja. Wissen Sie eigentlich, was der auf dem Campingplatz so anstellt?? Nein. Der geht von Platz zu Platz, und überall wo ein Hund an der Leine ist, und ihn demzufolge nicht erreichen kann, mach er diesen gar fürchterlich an, und dann geht er weiter zum nächsten!! Dann mussten wir alle so Lachen, und es wurde wieder mal ein schöner Abend, und wir wussten nun warum unser Felix, nach seinem „Landgang", immer so Grinste!! Aber wenn Felix irgendwo auf „Landgang" war, und wir weiter fahren wollten, brauchten wir nur unser Signalhorn ertönen lassen, und schon kam er im „Affentempo" angerannt, sprang an Bord, und alles war in bester Ordnung. So sind Yorkies eben!!!

Im Yachthafen von Elsfleth, unserem Heimathafen, ging Felix natürlich auch an Land, stolzierte über den

Weserdeich, am Huntesperrwerk vorbei, über den Deich weiter bis zu unserer Sportbootschleuse, Begrüßte unseren Schleusenwärter, ging am anderen Deich wieder zurück zum Bootshafen, und wieder zurück an Bord. Manchmal lief er auch andersherum, und wenn er dann zurück über die Privatstraße zum Bootshaus lief, und ein Auto kam, drehte er sich nur kurz um, und lief dann, natürlich mitten auf der Strasse, gemütlich weiter bis zum Bootshaus, und niemand hat sich aufgeregt, alle kannten ja unseren Felix.

Der kleine Kerl hatte die Eigenschaft sein „Geschäft" immer unter irgendwelchen Büschen, oder an irgend einem Zaun, Hintern hoch, zu erledigen. Sein „Hinterlassenschaft" war also nie irgendwo zu finden. Eines Tages bauten unsere Vereinskollegen neben dem Weg zur Steganlage für die Kinder einen Spielplatz, und stellten ein Schild auf, das die Hunde hier an der Leine zu halten sind. Völlig in Ordnung, und wir machten unseren Felix natürlich auch an seine Leine. Als wir da so lang liefen, kam der 1te Vorsitzende unseres Vereins daher, sah das Felix an der Leine war regte sich kurz auf, und mit den Worten:" Aber der doch nicht" machte er den Hund wieder los. War uns zwar nicht recht, gleiches Recht für alle!! Aber was solls, Felix konnte sich eben, (fast immer), benehmen.

Wenn wir irgendwo spazieren gingen, und irgendwo waren viele Hunde auf einer Wiese, da musste Felix natürlich hin, egal wie viele Hunde, oder wie groß die waren, er musste dahin. War ja auch nie ein Problem, war immer alles O.K. Eines Tages, wir wanderten mit Felix in Bremerhaven durch den Fischereihafen, kam uns ein Zöllner mit seinem riesigen Schäferhund an der Leine entgegen. Felix war, wie fast immer, nicht angeleint. Was macht der?? Er sah den „Zollhund", machte einen riesigen Bogen um Zöllner und Hund, und kam dann wieder zu uns. Er wusste mit Sicherheit, mit wem „gut Kirschen essen" ist, und mit wem nicht.

Ich habe Felix auch oft mit auf die Baustelle mitgenommen.

Auf „Pipelinebaustellen" konnte er sich immer gut austoben, und alle kümmerten sich um Felix, da war er so richtig in seinem Element. Eines Tages, ich war mit Evelynes Auto, einem Fiat Spider Cabriolet, unterwegs, natürlich wieder mal mit Felix. Da dieser Fiat, mit Heckmotor, doch recht laut war, hatten wir in dem Raum hinter den Sitzen, dicke Schaumstoffmatten gelegt, und hat auch viel geholfen. Nun musste ich zu einer Baubesprechung, auf der ich Felix natürlich nicht mitnehmen konnte. Er blieb also im Auto, was auch nicht weiter schlimm war, kannte er ja. Das Dach hatte ich zu gemacht, und Felix konnte also nirgendwo hin. Als ich dann von der Baubesprechung zurück kam, und die Autotüre aufmachte, habe ich gedacht „mich tritt ein Pferd". Da kamen mir jede Menge Schaumstoff-Flocken entgegen. War ihm wohl langweilig geworden, und er hat sämtliche Schaumstoffmatten fein säuberlich in kleine Flocken zerlegt. Hätte man Kissen mit füllen können. Aber Lachen musste ich doch!! Man kann so einem kleinen Kerl auch nicht Böse sein!!!

Seefest war Felix auch. Wenn wir mit unserem Boot unterwegs waren, war Felix überall zu finden. Bei Seegang lag er meistens ganz vorne an Deck, und machte es sich in einer aufgeschossenen Leine gemütlich. Wenn es ihm dann irgendwann zu nass wurde, kam er ins Steuerhaus, und wenn der Seegang stärker wurde legte er

sich bei dem, der am Ruder saß, auf die Füße. Wenn der aussteigt, kann er mich ja nicht vergessen!!
Einmal kamen wir in Büsum an, das heißt, Freunde mit ihrem Schiff, und wir mit unserer ORION. Unsere Freunde gingen schon mal zum Hafenmeister, um sich anzumelden. Sie sollten uns gleich mit anmelden. OK. Nur der Hafenmeister konnte mit unseren Namen im Moment nix anfangen, aber als unsere Freunde dann den Namen „FELIX" nannten, war sofort alles klar. Auch dort war dieser Hund schon bekannt. Wir sind allerdings auch ein paar mal im Jahr nach Büsum gefahren, war immer schön dort.

Wir wohnten damals noch in Norderstedt, also am Rande Hamburgs. Eines Tages, wir hatten am Vorabend unsere beiden Autos irgendwo in Hamburg stehen gelassen, wollte wir mit der S- oder U-Bahn fahren, um unsere Autos zu holen. Felix war, wie immer, dabei. Da wir, als „NIE"- S- oder U-Bahnfahrer überhaupt nicht wussten, aus welche Richtung die Bahn kam, waren wir so einigermaßen Ratlos. Felix war allerdings schon des öfteren mit Stephan, Evelynes Sohn, in die Stadt gefahren. Er saß ganz brav auf dem Bahnsteig, und

schaute immer in eine Richtung. Aha, von da muss die Bahn wohl kommen!! War genau richtig!!
Eigenartig war auch, das er immer gespürt hat, wenn ich von der Baustelle nach Hause kam. Es war nie zur gleichen Zeit, und der Parkplatz war mindestens 100 Meter entfernt vom Haus. Am Autogeräusch konnte es auch nicht liegen, denn manchmal kam ich mit einem anderem Auto, und Felix drehte in der Wohnung am Rad. Wir haben es nie begriffen, aber es war so!!
Was unser Felix nicht fertig gebracht hat, war Decken. Er war ja nicht Kastriert, hatte allerdings kein besonderes Interesse an Hundedamen. Seltsam. Bekannte von uns hatten eine hübsch Yorkie – Hündin, und mit der sollte Felix damals für Nachwuchs sorgen. Als es soweit war, haben wir die beiden zusammen gebracht. Verstanden haben sich die beiden recht gut, das war es aber auch schon. Die Hundedame wollte wohl, und Felix auch, aber das hat er nicht auf die Reihe bekommen. Er hat es überall versucht, nur nicht da, wo er sollte. War also nix. Da hatten sich schon so etliche Bekannte gemeldet, die einen Welpen haben wollten, war nix.

Es gibt sicherlich noch viele Yorkie - Eigenarten zu berichten, fallen mir aber im Moment nicht ein, aber, wer diese Yorkshire – Terrier kennt, kann sicher auch so einiges Berichten.

Unser kleiner Felix ist 14 Jahre alt geworden, und war bis an sein Ende unwahrscheinlich agil und lebendig. Krank war Felix auch nie. Er konnte nachher nicht mehr so gut hören, aber ansonsten topfit und immer gut drauf. Zum Schluss bekam er leider Krebs, und er musste eingeschläfert werden.

Für mich kamen seit dem eigentlich nur noch Yorshire – Terrier in Frage. Ich hatte allerdings Jahrelang überhaupt keinen Hund, aber nun haben wir, Ute und ich, wieder Hunde, und zwar zwei Yorkies und einen Tibet – Terrier. Ute mochte früher diese Yorkies überhaupt nicht, sie hatte, als wir uns kennen lernten, einen ganz lieben Kern –Terrier, aber mit unserem Yorkie, „FLOH", habe ich sie total überzeugt, und nun steht sie fast nur noch auf diese kleinen, wilden, eigensinnigen Geschöpfe.

Horst Friese
La Manga, im Mai 2014

# DIE KLEINEN GLÄSER

**KURZGESCHICHTE**

Horst Friese
La Manga, den 01.08.2014

## DIE KLEINEN GLÄSER

Ehemalige Freunde und wir, Ute und Horst, lagen mit unseren Booten am Steg der Gaststätte ROSARIO auf der Insel La Perdiguera, im MAR MENOR, eine Lagune am Mittelmeer an der Spanischen Südküste, und genossen die Spanische Sonne. Wir schrieben den 26.06.2005, und ich hatte Geburtstag. Am Abend gingen wir zum Restaurant, um ein paar Sangria zu trinken. Zu vorgerückter Stunde, so gegen Mitternacht fuhr das gesamte Personal der Gaststätte mit dem Boot ans Festland, nur eine Bedienung blieb auf der Insel, um noch vorhandene Gäste zu Bewirten. An diesem Abend blieb eine sehr nette Kellnerin auf der Insel, und wir waren inzwischen auch die letzten Gäste. Wir tranken noch unseren Sangria, und die Kellnerin machte es sich ein paar Tische weiter gemütlich, und las die Zeitung. Wir hatten mal wieder nichts anderes zu tun, als über die spanische Mentalität, die natürlich etwas von der unserigen abweicht, gar fürchterlich zu lästern. Na ja, war ja auch niemand mehr anwesend, den das, hätte er das verstehen können, gestört hätte. Als wir dann endlich unsere Karaffe Sangria geleert hatten, bestellten wir noch eine neue Karaffe, die wir aber mit an Bord nehmen wollten. So hatten wir das der Kellnerin erklärt, kein Problem. Als sie uns dann die gefüllte Karaffe brachte, meinten wir, das diese wohl ein wenig klein sei, und wir daraus keine vier Gläser bekommen würden. Dann hat es uns vom Hocker gerissen, denn als Antwort in astreinem Deutsch kam: „Dann nehmen sie doch einfach kleinere Gläser". Uns fielen alle Kinnladen runter und ich glaube wir schauten allesamt recht „Blöd" aus der Wäsche. Als wir das verdaut hatten, haben wir uns natürlich wortreich entschuldigt, und gefragt, ob wir noch wiederkommen dürften. Durften wir. Ich glaube, das war sicher nicht das erste mal, das so etwas daneben gelaufen war. Wir nahmen die Karaffe Sangria, und zogen, doch recht betrübt, an Bord. Am nächsten Tag sind wir zum Kaffeetrinken in das Restaurant gegangen, und haben uns noch einmal entschuldigt. War alles in Ordnung.

So kann es kommen, und seit dem, wenn jemand über die spanische Mentalität lästert, kommt immer der Spruch:

**„Denk an die kleinen Gläser"!!!!!**

Horst Friese
La Manga, den 30.07.2014

# ABENTEUER

## Mit

## ➢ O R I O N I ＜

**Horst Friese**

**Aufgelaufen auf EVERSAND**

**STOVE an der ELBE**

**Der ANLASSER**

**BÜSUM**

**FEUER an Bord**

**SEEGANG**

Motorwechsel

**SEEMANNSGARN**

Maschinenschaden

# Abenteuer mit >ORION I<

Da ich Berufsmäßig im Rohrleitungs- und Anlagenbau tätig war, und wenn ich dann eine Baustelle hatte, in deren Nähe ein Yachthafen war, habe ich meine >ORION< in diesen Yachthafen verlegt, und habe dann dort einen Liegeplatz gemietet. Man kann eben am schönsten auf dem eigenen Boot leben.

## Aufgelaufen in EVERSAND

Ich glaube es war im Jahre 1982. Wir hatten unseren Urlaub in der Ostsee verbracht, und waren auf der Rückfahrt. Es war Freitag, und wir hatten noch zwei Tage Zeit. Ich sollte eigentlich eine Baustelle in Heide übernehmen, und wir wollten eigentlich über Hamburg, die Elbe runter, und nach Büsum fahren. Dort wollte wir unser Schiff im Büsumer Yachthafen festmachen. Von dort aus war es nicht weit bis nach Heide, zur Baustelle. Vorsichtshalber hatte ich am Freitagabend meinen Chef angerufen, ob das alles so bleibt. Leider mussten wir umdisponieren, die Vorbereitungen für die Baustelle in Heide waren noch nicht so weit, und ich solle doch erst mal nach Oldenburg ins Büro kommen. War ja auch nicht weiter schlimm, nur wurde die Zeit knapp. Montag musste ich ja wieder Arbeiten. Trotzdem hatten wir noch einen schönen Abend, mit unseren Freunden aus Bergedorf. Also sind wir am Samstagmorgen in

Hamburg losgefahren, und zwar bis Cuxhaven. Im Yachthafen von Cuxhaven haben wir in Ruhe übernachtet, und haben dann am Sonntagmorgen die Leinen losgemacht, um am Sonntagabend in Elsfleth, im Heimathafen, zu sein.
Nun gibt es zwei Möglichkeiten für diese Fahrt. Die Eine wäre die Fahrt von Otterndorf durch die Deichschleuse in den Hadelner Kanal, durch die Schleuse Lintig in die Geeste, durch die Geesteschleuse nach Bremerhaven, und von dort über die Weser nach Elsfleth. Die zweite Möglichkeit ist die Fahrt an Neuwerk vorbei, den Weser-Elbe-Wattweg nach Bremerhaven, und weiter nach Elsfleth.
Da die Schleuse Lintig ihren Dienst am Sonntagmittag einstellte, blieb uns, wenn wir bis Sonntagabend in Elsfleth sein wollten, keine andere Wahl, als durchs Watt zu fahren.
Also, ab durch die Mitte, d.h. durchs Watt. Kein Problem, Wetter war super. Wir hatten den 25.September 1982. Wenn man durchs Watt fährt, fährt man an der Insel Neuwerk vorbei, und folgt dann dem „Prickenweg", markierte Fahrrinnen im Watt. Am Ende eines „Prickenweges" stehen drei Pricken, und irgendwo am Anfang des nächsten „Prickenweg" stehen wieder drei Pricken.

# Von Büsum nach Bremerhaven

**Büsum**

**Vogelsand**

**EVERSAND**

**nach Bremerhaven**

Wie gesagt, das Wetter war Super, und wir fuhren von oben, von der Flybridge. Plötzlich, aus heiterem Himmel, wurde es fast stockfinster, Starkwind kam auf, der eine „Prickenweg" war gerade zu Ende, und der Nächste war nicht mehr zu sehen. Ich wusste zwar die Richtung, aber ich konnte nicht ausmachen wohin der Wind uns trieb. Und schon saßen wir fest, aufgelaufen!!!
Na ja, es vergingen noch so ca. 2o Minuten, und der Spuk war vorbei!! Die Sonne schien, der Wind war weg, und die Sicht Meilenweit. Wir waren einige Meter abgetrieben, und saßen, wie gesagt , fest. Nix zu machen, und obendrein war auch noch fast Hochwasser. Wenn es kommt, dann aber richtig. Watt nu??? Montag zur Arbeit, war wohl nix. Zu allem Überfluss hatte im Urlaub irgend jemand unser Gummiboot zerstochen, und UKW-Funk hatte ich auch noch nicht!! Wir saßen also fest in Eversand, im Watt, haben Notsignale gesetzt, und versucht uns bemerkbar zu machen. In der Ferne konnten wir die Schiffe vorbeifahren sehen. Aber uns sah wohl niemand. Aber das liegt wohl auch daran, das etliche Bootsfahrer auch schon mal Urlaub im Watt machen, und sich „Trockenfallen lassen". Haben wir ja auch oft gemacht. Nur zu dieser Jahreszeit weniger. Wir haben uns erst einmal in aller Ruhe angesehen von wo das Wasser zuerst kommt, wenn es nach Niedrigwasser wieder aufläuft. Die Richtung haben wir dann mit Stäben markiert und in der Höhe, die wir brauchten, markiert. Zum Glück hatten wir Wasser und Verpflegung reichlich an Bord. Nur leider nicht genügend Glimmstengel. Beim ersten Hochwasser habe ich dann die Maschine gestartet, und mit viel Mühe das Schiff in die Richtung gedreht, woher das Wasser zuerst kommt. Aber zu mehr hat es leider nicht gereicht. 12 Stunden später, beim nächsten

Hochwasser, haben wir den gesamten Ballast, in Form von schweren Stahlplatten, die ich ganz unten im Schiff verstaut hatte, um den Schwerpunkt an die richtige Stelle zu bekommen, an Deck, auf eine Seite, um durch Schräglage den Kiel etwas anzuheben, gelegt. Dann wieder die Maschine an, und versucht das Schiff zu bewegen. Und das ca. alle 12 Stunden. Mal sind wir einige Meter weiter, in Richtung tieferes Wasser gekommen, mal auch nicht. Aber, wie gesagt, das Wetter war super, und eigentlich ging es uns gut, und unserm Yorkshire Terrier FELIX ebenfalls. Nach drei Tagen und Nächten, in denen wir immer wieder von kurz vor, bis kurz nach Hochwasser unsere Maschine gequält haben, lief das Wasser etwas höher auf. Jetzt oder nie!!! Sämtliche Stahlplatten wurden über Bord geworfen, und Vollast!! Das Schiff nahm so ganz langsam Fahrt auf, und nach ein paar Minuten waren wir wieder frei !!! War das ein herrliches Gefühl, wir fuhren wieder, und nahmen Kurs Richtung Heimat. Aber zu Hause waren wir noch lange nicht!!! Durch die dauernden Versuche, mit Vollast frei zu kommen, hat meine Maschine unwahrscheinlich viel Benzin verbrannt, und auf einmal waren die Tanks so gut wie leer. Da ja immer noch ein paar Liter in den Tanks verbleiben, je nach Lage das Schiffes, konnte ich den einen Tank über den Füllstutzen mit einer Pumpe leer saugen, und in den anderen Tank einfüllen. Ein „Tropfen auf den Heißen Stein", aber es hat vorerst einmal gereicht. Ganz in der Nähe verrichtete ein Fischer seine Arbeit. Da sind wir dann ran, und haben ihn gefragt, ob er zufällig Benzin an Bord hat?? Hatte er aber nicht, aber er sagte uns, ein paar Meilen weiter läge der Seenotrettungskreuzer der DGzRS vor Anker, und die haben immer Benzin an Bord. Den Rettungskreuzer

konnten wir zwar noch nicht sehen, aber der freundliche Fischer gab uns den Kurs an, und versprach, den Seenotretter schon mal über Funk zu verständigen. Da wir aber nicht wussten, ob wir noch genügend Sprit im Tank hatten um den Rettungskreuzer zu erreichen, versicherte er uns, wenn er sein Netz oben hat, kommt er zur Not hinter uns her und bringt uns hin. Netter Mensch!!! Wir sind dann langsam, Spritsparend, weitergefahren, und haben kurze Zeit später unseren „Retter" gesehen. Wir sind sogar noch mit eigener Kraft bis zum Seenotretter, auf dessen Deck schon die Mannschaft stand, um sofort die Leinen zu übernehmen, gekommen. Ganz toll!!! Die Männer haben sich unsere Geschichte angehört, aber Benzin hätten sie schon seid langem nicht mehr an Bord, und meinten, das sie Nachmittags nach Bremerhaven fahren, und uns dann in Schlepp nehmen. Der Tag sei sowieso hin, und wir sollten es uns erst mal gemütlich machen. Ob wir noch genügend zu Essen und Trinken an Bord hätten?? Hatten wir!! Aber wir konnten von ihrem Schiff aus erst einmal in der jeweiligen Firma anrufen, und erklären, warum wir noch nicht erschienen seien. Mein Chef hatte gedacht, da das mit der Baustelle in Heide noch nicht so weit sei, und das Wetter noch schön sei, hätte ich noch ein paar Tage Urlaub angehängt. Bei meiner Partnerin war das nicht anders. War also alles oK. Zigaretten für meine „Steuerfrau" gab es auf dem Seenotrettungskreuzer auch!!!
Die Männer vom Seenotrettungskreuzer sind ja „Selbstversorger", und somit hatten unsere „Retter" auch ihre Aalreusen draußen liegen. Nachmittags, nachdem wir mit den „Rettern" Kaffee getrunken hatten, und sie uns das ganze Schiff gezeigt hatten, fuhren zwei Leute

mit dem Tochterboot raus, und machten ihre Aalreusen leer. Der Aaleimer stand an Deck, etwas Salz wurde über die Aale geschüttet, und der Tanz ging los: Felix schnappte sich einen sich windenden Aal, und tobte über Deck. Einer hinter den Aal her, und ich hinter Felix her. War sicher lustig anzusehen. Anschließend sind wir wieder auf unser Schiff, und der Anker wurde gelichtet. Kurs Bremerhaven!!! Im Hafen angekommen, konnte ich sogar noch meine Maschine starten, und mit eigener Kraft anlegen. Wir konnten uns nur noch mit einer guten Flasche Whisky bedanken. An der nächsten Tankstelle haben wir dann ein paar Kanister Benzin geholt, haben getankt, und sind weiter nach Elsfleth gefahren. Alles gut überstanden. Eine gute Woche später haben wir unser Schiff dann doch nach Büsum gefahren.

In diesem Winter habe ich dann auch mein „Funkzeugnis" bei der Deutschen Bundespost gemacht, und habe auch ein UKW-Funkgerät in meine >ORION< eingebaut. So etwas sollte mir ja wohl nicht mehr wiederfahren!!! Aber.......schauen wir mal!!!

## STOVE an der ELBE

Im Jahr darauf, ich hatte eine Baustelle in Gelsenkirchen, hatten wir uns überlegt, das Schiff den Sommer über an die Elbe, und zwar nach Stove, kurz vor Geesthacht, zu verlegen. Da war eine große Bucht an der Elbe, und ein riesig großer Campingplatz. In der Bucht, die im Tiedengewässer lag, befand sich ein ehemaliger Anleger für damalige Rundfahrtschiffe, die fuhren aber schon lange nicht mehr, und der Anleger wurde nicht mehr genutzt, und die schwimmenden Pfähle waren dementsprechend marode. Der Zubringer und die Treppe waren aus verzinktem Stahl gefertigt, und waren noch total in Ordnung.

STOVE
an der
ELBE

STOVE

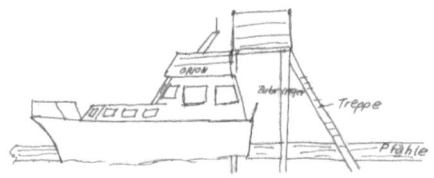

Wir durften unser Boot den ganzen Sommer dort kostenlos festmachen, toll!! Da der „Anleger" im Sommer so ab und an von Campern, oder Wasserwanderern genutzt wurde, und wir ja nur an den Wochenenden an Bord waren, haben wir unser Schiff an der „Innenkante" festgemacht, um die „Außenseite" für die kleinen Boote freizuhalten. Bei „Niedrigwasser" lagen wir allerdings fest, aber das war für uns kein Hindernis. An den Wochenenden trafen wir uns, meine „Steuerfrau" von Hamburg, und ich von Gelsenkirchen kommend, in Stove. Meistens sind wir dann ein paar Kilometer die Elbe abwärts gefahren, haben geankert, und haben es uns gut gehen lassen. Manchmal sind wir auch einfach am Anleger geblieben. Öfters hatten wir auch Gäste an Bord, haben gegrillt und kleine „Elbtouren" gemacht. Es war jedenfalls immer Lustig und schön. Bis….., ja bis wir fast abgesoffen wären!! Wie konnte das angehen??? Da sind mehrere Dinge zusammengetroffen: zum einen war da die Tide, mit einem Tidenhub von ca. drei Metern, dann war da der Stählerne Zubringer, und außerdem spielte die Tatsache, das wir eine offene Seetoilette an Bord hatten, eine wichtige Rolle. Das Schiff musste, damit es nicht bei auflaufendem Wasser unter den Anleger gedrückt wurde, entsprechend abgesichert werden. Nun sind wir eines abends, bei ablaufendem Wasser, von Bord gegangen, um in dem sehr schönen, gemütlichem Campingplatzrestaurant zu essen. Als wir wieder an Bord wollten, stellten wir fest, das unser Boot noch viel zu tief lag, um ohne viel Kletterei an Bord zu gelangen. Also drehten wir um, und genehmigten uns noch ein paar „Charlys". Etwas später konnten wir über das Geländer des Zubringers auf unsere Flybridge hinunter steigen. Bis zum Bett war es dann auch nicht mehr weit. Angenehme Nachtruhe!!! Irgendwann in der Nacht wurde ich wach, irgendwo plätscherte Wasser. Na ja, ist wohl ein Schiff auf der Elbe vorbei gefahren?!?! Irgendwie ist dann aber meine Hand aus unserer schmalen Koje gefallen?? Wasser!!! RAUS, Wir saufen ab!!! Quatsch, war die Antwort meiner „Steuerfrau". Aber als sie dann, bedingt durch die Schräglage des Bootes, aus der Koje rollte, und im Wasser landete, war sie urplötzlich hellwach. Ich hatte inzwischen entdeckt, das daß Wasser durch die offene Seetoilette kam. Ein offenes Rohr mit 100 mm Durchmesser. Wieso??? Ich habe das Rohr mit einem riesigen Handtuch verstopft, und habe nach der Ursache gesucht, und auch sofort gefunden. Das Schiff hatte sich, weil ich es nicht nach vorne abgesichert hatte, bei dem auflaufendem Wasser mit einer Ecke der Flybridgereling unter dem Zubringer verklemmt, und dadurch wurde das Boot soweit unter Wasser gedrückt, bis das Wasser durch das Rohr der Toilette ins Boot lief. Mit einem, auf der Flybridge liegendem Reserveanker konnte ich das verklemmte Schiff ausheben. Das Schiff lag nun wieder gerade, und alles war vorerst „im Lot". Wir lagen nur etwas tiefer, hatten wir doch so einige Kubikmeter Wasser im Schiff. Nachdem wir eine Pumpe angeschlossen hatten, war nach ein Paar Stunden das Schiff wieder leer. Nach Auswechseln der Kohlebürsten von Lichtmaschine und Anlasser, sowie Ölwechsel und eine neue Zündspule, lief der VOLVO auch wieder. Das Ende der Geschichte war, das die Seetoilette ausgebaut wurde, und eine Supergute Vacuumtoilette kam zum Einsatz. Zusätzlich ein Fäkalientank.

# Der ANLASSER

Ich weiß es nicht mehr so genau, aber ich glaube, es war im Jahr darauf, also 1984??? Es war wieder ein schöner Sommer, und wir waren mal wieder Unterwegs von Hamburg, oder von Büsum, weiß ich nicht mehr. Meine alten Logbücher sind anscheinend nicht mehr vorhanden, also müssen meine „Grauen Zellen" mal wieder herhalten. Aber was da so passiert ist, das weiß ich noch sehr genau!!!
Wir hatten Neuwerk passiert, und fuhren in Richtung Weser. Wie schon früher berichtet, hatte unsere >ORION< zwei Tanks mit jeweils so 100 Litern, versehen mit jeweils einem Magnetventil in der Zuleitung zum jeweiligem Filter, und dann zu Maschine. Da die Tanks beide nicht mehr voll waren, hatte ich mir eine Zeit gesetzt, wann ich die Tanks umschalten wollte. Gut und schön, hatte ich vergessen. Wir fuhren, wie eigentlich immer, gemütlich von der Flybridge, tranken Tee, und alles war wunderbar!!! Irgendwann tat sich nix mehr, Maschine Stopp!! Ach du Sch….., vergessen die Tanks umzustellen!! Na, Benziner, macht also nix. Tanks umstellen, und neu starten. Gesagt, getan, aber nix war!! Der Anlasser drehte zwar, aber der Motor drehte nicht mit. Hmm, wat nu??? Der VOLVO hatte zwar einen ganz normalen Anlasser, aber das Besondere war, das unmittelbar hinter dem Anlasser der Ölfilter angebracht war. Aber auch das wäre kein Problem gewesen, wenn der Ölfilter nicht, weil er im Boot Wassergekühlt werden musste, hatte dieser Ölfilter ein Wassergekühltes Filtergehäuse. Um nun den Anlasser ausbauen zu können, musste also erst der Ölfilter mitsamt Gehäuse ausgebaut

werden. Bis dahin auch noch kein Problem, noch nicht!!! Also, Anker raus, und ran ans Werk. Ölfilter mit Kühler abgebaut und Anlasser ausgebaut. Der Mitnehmer für das Ritzel hatte seinen Geist aufgegeben, und somit rückte das Ritzel zwar noch ein, aber der Anlasser drehte nur noch leer. Was tun?? Ich habe dann das Ritzel mit dem Mitnehmer verkeilt und alles wieder eingebaut. Das Problem war nun, ich musste alles wieder zusammenbauen, denn wenn der Motor starten sollte, konnte ich ihn ja nicht wieder abstellen, um den Ölfilter samt Kühler anzubauen. Also, alles zusammen gebaut und Startversuch!! Wie gesagt, Startversuch. Die Verkeilung reichte nicht, und alles wieder von vorne. Beim zweiten Versuch alles noch mehr verkeilt, aber auch ohne Erfolg. Dann habe ich drei Bleche angefertigt, 2 Millimeter stark, die um den defekten Mitnehmer gelegt wurden, und die gleichzeitig in das Ritzel eingriffen. Alles festgezogen, und alles wieder zusammen gebaut. Nun musste das einfach funktionieren. Der Anlasser hat den Motor auch etwas bewegt, aber die Kraft war leider zu groß, und die Bleche waren total verbogen. Also, war nix, und ich war auch schon über 24 Stunden am Basteln. Mehr Möglichkeiten hatte ich leider nicht.
Also, den Seenotrettungskreuzer angefunkt, Problem und Position durchgegeben, und ein paar Stunden später hingen wir bei unseren „Rettern" am Haken. In Bremerhaven nahmen sie uns „Längsseits" und brachten uns an die Pier. Mit dem ausgebauten Anlasser sind wir dann per Bahn nach Hause gefahren. Der Anlasser bekam einen neuen Mitnehmer, und am nächsten Wochenende sind wir mit einem Vereinskameraden per Boot nach Bremerhaven gefahren, haben den Anlasser

wieder eingebaut, natürlich samt Ölfilter und Kühlmantel. Am nächsten Tag sind wir wieder nach Elsfleth gefahren, und das Abenteuer „Anlasser" war auch überstanden.

# BÜSUM

Auch das Jahr 1985 blieb für uns nicht so ganz ohne Überraschungen. Irgendwann, natürlich bei superschönem Wetter, wollten wir mal wieder für ein Längeres Wochenende, es war Pfingsten, nach Büsum fahren. Bootsfreunde aus Bremen wollten mit ihrem Boot, Typ Luna 26, ein Motorsegler, mitfahren. Also haben wir uns am Freitagabend vor dem Elsflether Yachthafen getroffen, und sind dann nach Bremerhaven gefahren. Nachts dann an der Geeste festgemacht, und den Tag ausklingen lassen. Am Samstagmorgen machten wir unsere Leinen los, und fuhren hinaus auf die Weser. Die Fahrt ging dann durchs „Wurster Watt" in Richtung Elbe. Nachdem wir die, doch sehr breite Elbe überquert hatten, nahmen wir so langsam Kurs auf „Knechtsand". Dann weiter in Richtung „Robbenplate", und weiter zur Fahrrinne „Süderpiep" um dann direkt nach Büsum zu laufen. Bisher lief ja alles sehr Problemlos?!?! Dann kams ja doch noch: Auf einmal wurde meine Maschine „Abgewürgt"???? Na ja, ausgekuppelt, und die Maschine wieder gestartet. Alles ok., Maschine lief!! Gang eingelegt, aus, Maschine steht! Wat nu?? Freunde angefunkt und unser Problem geschildert. Sie nahmen uns dann auf den „Haken", und haben uns die Restlichen Seemeilen bis nach Büsum geschleppt. Eine kleine Besonderheit am Rande: Damals zu dieser Zeit gab es eine Fernsehsendung, ich glaube, die hieß „Spassvogel" oder so ähnlich. Ein Freund von uns hatte diesen „Spassvogel" in Oldenburg auf dem Dach gegenüber seiner Wohnung, entdeckt, beim Fernsehsender angerufen, und Bericht erstattet. Daraufhin wurde er mit seiner Frau für die nächste Fernsehsendung, die irgendwo im Süden Deutschlands stattfand, eingeladen. Und der Termin fiel genau auf diesen Samstagabend, und genau zu der Zeit, in der wir bei unseren Freunden in Schlepp fuhren, und ohnehin nichts tun konnten. Also haben wir uns in aller Ruhe unsere anderen Freunde im TV-Gerät in „Aktion" angesehen, ZUFALL!!

Nachdem wir in Büsum festgemacht hatten, ließen wir den Tag in aller Ruhe ausklingen. Am nächsten Tag, Pfingstsonntag, haben wir unsere >ORION< ins Watt vor Büsum geschleppt, und Trocken fallen lassen. Die Ursache für das Abwürgen der Maschine war schnell gefunden: Die Propellerwelle lief komplett, Fettgeschmiert, in einem „Stevenrohr" mit vorne und hinten je ein Bronzelager. Diese Lager sind mittels Feingewinde in das Stevenrohr eingeschraubt. Nun hatte sich das hintere Lager, ich weiß nicht wieso, einige Umdrehungen losgeschraubt, und dadurch hat sich quasi das Stevenrohr verlängert, und die Propellerwelle wurde festgeklemmt. Lager wieder festgeschraubt, und der Fall war erledigt, und bei auflaufendem Wasser konnten wir wieder mit eigener Kraft in den Büsumer Yachthafen einlaufen. Am Pfingstmontag sind wir dann ohne weitere Störungen nach Elsfleth zurück gefahren. Und wieder war ein sehr schönes, verlängertes Wochenende vorbei.

# FEUER an Bord

Auch, als ich, in einem schönen Sommer, eine Baustelle in Nüttermoor, Ostfriesland, hatte, hatte ich einen Liegeplatz in Warsingsfehn, an der Leda, gemietet. Ich glaube, es war im Jahre1986.

Es war warm, und das Wetter konnte gar nicht besser sein. Nach Feierabend auf der Baustelle fuhr ich zum Yachthafen und ging an Bord, den Feierabend zu genießen. Irgendwann wollte ich mir Pommes Frites in der Friteuse machen, hatte aber dann doch keine Lust auf Essen. Stattdessen wollte ich, warum weiß ich nicht, meine Ebersbächer - Benzinheizung, die ich im Winter eingebaut hatte, mal eben ausprobieren (Blöd, bei der Wärme). Kurz und gut, die Heizung sprang nicht an. Na, was ist das denn?? Kurzerhand die, direkt neben der Heizung stehende, Gasbetriebene Kühlbox etwas beiseite geschoben, und den Benzinfilter aufgeschraubt. Benzin kam, und beim wieder Anschrauben des Filters spritzte Benzin in die Flamme der Kühlbox, und die Kiste stand in Flammen. Jetzt kam mir meine eigene Bequemlichkeit zu gute. Das Ventil der Benzinleitung für die Heizung war direkt am Tank, und war unter den „Flurplatten" angeordnet, und da ich nun mal manchmal sehr bequem bin, hatte ich Magnetventile in alle Benzinleitungen eingebaut. Somit konnte ich superschnell die Benzinleitung schließen, den $CO_2$-Feuerlöscher greifen, und den Brand löschen. Nix passiert, außer einer verbrannten Gardine, und eine halbwegs verbrannte rechte Hand. Ich bin dann sofort zum Krankenhaus nach Leer gefahren, mit dem Ergebnis eines 10-tägigen Krankenhaus Aufenthalts, und anschließendem monatelangem Arbeitsausfalls, weil ich mir wohl, ohne es zu merken, beim Löschen das recht Daumengelenk gebrochen hatte. Ist aber alles wieder in Ordnung, ist nix mehr zu sehen.

# SEEGANG

Im Jahr darauf, 1987, wir hatten einen Liegeplatz in Hamburg, an der Bille, gemietet, und zwar beim EMC, „Elbe Motorboot Club". Irgendwann im Laufe des Sommers kamen ehemalige Freunde mit ihrem Segelboot, eine Reinke 11, nach Hamburg, an die Bille. Wollten Urlaub machen. Nach ein paar Tagen beschlossen wir, gemeinsam mit unseren Booten nach Büsum zu fahren. Gesagt, getan, die Leinen wurden losgemacht, und ab ging die Reise, die Elbe runter, an Vogelsand vorbei, und dann in Richtung Büsum. Nachdem wir einige schöne Tage in Büsum verbracht hatten, wollten unsere Freunde nach Helgoland Segeln, oder Motoren. Wir wollten wieder nach Hamburg, an die Bille. Aber leider konnten wir nicht in See stechen, das Wetter wurde zu schlecht. Nix zu machen. Nach ein paar weiteren Tagen schien das Wetter etwas besser zu werden, auch der Wetterbericht versprach Besserung. Irgendwann machten wir dann auch die Leinen in Büsum los, und machten uns auf den Weg. Zunächst verlief auch alles so einigermaßen, nur in der Ferne sah das Meer so eigenartig aus. Da unsere Freunde nach Helgoland wollten, und wir über Cuxhaven nach Hamburg, trennten sich nach einigen Seemeilen unsere Wege. Über UKW waren wir allerdings ständig miteinander verbunden. Wir nahmen Kurs auf Vogelsand. Wollte etwas abkürzen und vor Vogelsand vorbei zur Elbe. Bis Vogelsand sind wir ja noch relativ schnell gekommen, mit starkem Rückenwind sind wir so richtig „Gesurft". War zwar nicht sehr angenehm, aber noch gut erträglich. Und schnell!! Aber dann kams.

# Von BÜSUM nach CUXHAVEN

Das Wetter wurde saumäßig, aber zum Umkehren war es längst zu spät, also nur noch nach vorne. An Vogelsand kamen wir einfach nicht vorbei. Immer wieder kamen wir zu dicht an die Insel. Immer wieder mussten wir umdrehen, und das ist bei hohem Seegang nicht einfach, man muss Höllisch aufpassen und immer die richtigen Momente erwischen. Unsere einzige Befürchtung war, das die Fensterscheiben dem Wasserdruck, wenn das Wasser an Deck klatscht, nicht standhalten, oder das die Maschine verreckt. Aber noch ging alles gut. Nach dreimaligem Versuch, an Vogelsand vorbei zu kommen, habe ich das Unterfangen aufgegeben, und wir sind Nördlich an Vogelsand vorbei gefahren, und haben so die Elbe überquert. In Höhe Neuwerk, wir fuhren am Rande des Fahrwassers, fiel die Maschine aus. Vermutung: Filter dicht. War auch so. Durch die unwahrscheinliche Schaukelei in diesem Seegang, war der Dreck in den Tanks aufgewirbelt, und hat dann den Filter verstopft. Normalerweise kein Problem, aber bei dem Wetter!?!?!? Die Filter befanden sich natürlich unter den „Flurplatten". Bei dem Seegang ist im Schiff zwar nichts kaputt gegangen, aber alles, was nicht 100 prozentig fest angebracht war, ist durch das Schiff geflogen, und somit lagen auch einige Teile im Weg herum. Da wir auf Land zutrieben, mussten wir den Anker ausbringen. Also raus aufs Vordeck, und den Anker, samt 32 Meter Kette raus, und das bei dem Seegang, aber nützt ja nix. Inzwischen war es ja schon lange finstere Nacht, und man konnte nicht mehr sehen woher die Wellen kamen. Die Filter waren schnell wieder sauber, und die Maschine lief auch wieder. Erst mal rückwärts ins tiefere Wasser, samt Anker, dann wieder nach vorne an Deck, und den Anker einholen, eine Elektrische Ankerwinde hatte >ORION<

nicht. Wieder Kurs auf Cuxhaven genommen, und an der im Wasser liegenden Spundwand vorbei. Urplötzlich tauchte vor uns ein riesiger Scheinwerfer auf, und ich stand „im Dunkeln", ich konnte nix mehr sehen. Was soll das??? Der Scheinwerfer ging aus, und tauchte wenig später hinter uns wieder auf, sehr dicht. Ich sagte meiner „Steuerfrau": mach mal die Türe auf, der will rein!! Das war der Seenotrettungskreuzer aus Cuxhaven, die hatten uns im Radar gesehen. Als wir vor Neuwerk lagen, und die Filter gereinigt haben. Nun hat er wohl meine UKW-Antenne gesehen, und kam nun über Funk mit der Frage, ob ich das vor Neuwerk gewesen sei, und ob alles in Ordnung sei??. Er fragte dann noch von wo wir kommen, und wohin wir noch wollten, und wünschten uns dann noch „einen schönen Eiertanz", drehte wieder ab mit der Bemerkung, er muss noch jemand irgendwo Bergen. Alles klar. Wir konnten dann über UKW mithören, das er einem anderen Bescheid gab, das bei uns alles in bester Ordnung sei, er könne wieder abdrehen.
Normalerweise benötigten wir von Büsum nach Cuxhaven so ca. 4 Stunden, dieses mal kamen wir nach ca. 9 Stunden in Cuxhaven an. Da sogar noch im Yachthafen reger Seegang herrschte, war das Anlegen auch kein Kinderspiel, aber auch das haben wir geschafft. Erst mal unter die Dusche, und ein paar „Charlys". Dann das Schiff aufgeräumt, und ab in die Koje. Unsere Freunde waren auch inzwischen in Helgoland angekommen, und hatten schon in Cuxhaven angerufen, wir waren gerade angekommen. Am nächsten Tag haben wir erst mal gebunkert, und sind dann weiter nach Hamburg gefahren.

Ein kleiner Nebeneffekt dieser Haarsträubenden Fahrt von Büsum nach Cuxhaven: Wenn man mit einem Sportboot von großen Schiffen überholt wird, tut man eigentlich gut daran, die Fahrt aus dem Schiff zu nehmen, bei zu drehen, und die Bug- und Heck-Welle des Frachters oder Kreuzfahrtschiffes möglichst senkrecht zu kreuzen, dann wieder auf Kurs zu gehen und Fahrt aufnehmen.
Uns hatte das Wetter nicht umgeworfen, und somit konnten uns überholende Schiffe überhaupt nicht mehr beeindrucken, außer wir hatten Gäste an Bord.

Im Herbst, als unser Schiff in Elsfleth an Land gezogen wurde, fragten mich alle, was ich mit dem Schiff gemacht hätte?? Da war doch tatsächlich der ganze Kiel, 10 mm dicke Platten, verbogen????

# MOTORWECHSEL

Im laufe der Jahre wurde mein VOLVO-Benziner auch nicht besser. Die sogenannte „Warmlaufphase" wurde immer länger. Es dauerte mittlerweile schon so ca. 20 Minuten. Eigentlich war das aber immer noch ein zu kleines Problem, um den Motor zu wechseln, denn, wenn er lief, dann lief er eben!!! Was uns allerdings fürchterlich auf die Nerven ging, war, wenn wir zum Beispiel von Elsfleth nach Büsum gefahren sind, lief die Maschine so ca. 14 Stunden ohne Probleme. Kamen wir in Büsum an, und steuerten den Liegeplatz an, nahmen den Gang raus, und die Maschine blieb einfach stehen. Sprang dann allerdings wieder an, aber so etwas ist überhaupt nicht mein „Ding"!! Da das fast nach jeder Fährt so war, egal wohin wir fuhren, ob nach Fedderwarden, oder nach Wangeroge, oder die Weser hoch nach Minden, war völlig egal.
Also, im nächsten Winterlager: Maschine ade!!! Stellte sich die Frage, was bauen wir ein????
Bei einem, uns bekannten Auto-Schrotthändler, konnte ich mir einen 240er Mercedes Diesel aus einem Unfallwagen ausbauen. Toll!! Den habe ich dann marinisiert. Wassergekühltes Abgassammelrohr, Anschlussglocke für`s Getriebe, und noch so ein paar Kleinigkeiten. Da wir auch ein anderes Getriebe brauchten, kam ein Borg-Warner Hydraulikgetriebe zum Einbau. Übersetzung 1 : 1, wie das vorige Getriebe auch.

Somit brauchte ich keinen neuen Propeller (der war ohnehin noch neu). Da der alte Motor eine Einkreiskühlung hatte, und der neue eine Zweikreiskühlung, musste ich auch noch Kühlrohre unter`s Schiff, am Kiel entlang, verlegen.
Das hat sich aber auch gelohnt, die ganze Arbeit!!! Allerdings konnte ich nun die komplette Druckluftgeschichte, und die Wellenbremse vergessen. Konnte ich alles wieder ausbauen und einlagern. Alles lief wunderbar, und meine >ORION< fuhr per Diesel weiter über Flüsse, Kanäle, und über die offene See!!

# SEEMANNSGARN

Wir haben mit unserer „alten" >ORION< allerdings noch so etliche „Abenteuer" hinter uns gebracht. Es gibt sicher kaum einen „Skipper", der nicht schon „Haarsträubende" Dinge erlebt hat, aber nur sehr wenige geben diese, vor allen Dingen nicht, wenn die „Ursache" bei sich selber liegt, in irgendeiner „gemütlichen Runde", zum Besten. Wir haben noch nie was von „Aufschneiderei" und sonstigem „Seemannsgarn" gehalten, und außerdem konnte sicherlich so mancher von unseren eigenen „Missgeschicken" was „für sich" gebrauchen!!! Der Sportboothafen des SWE konnte nur durch eine vereinseigene Schleuse verlassen, bzw. angelaufen werden. Schleusenzeiten waren, und sind auch heute noch so, Werktags von 07,00Uhr bis 21,00 Uhr alle 2 Stunden. Ab Freitag Mittag durchgehend bis 22,00 Uhr. Am Samstag und an Feiertagen durchgehend von 07,00 Uhr bis 22,00 Uhr. Sonntags von 07,00 Uhr durchgehend bis 21,00 Uhr. Bedient wurde die Schleuse von, jeweils einem, sich im Rentenalter befindlichen Vereinsmitglied, und an den Wochenenden zusätzlich von einem „aktivem" Vereinskameraden, reihum.

Nun war es bei uns immer üblich, wenn wir auf „Fahrt" gingen, am Freitag, kurz vor Schließen der Schleuse, die Leinen loszumachen, und den Elsflether Yachthafen zu verlassen. Das war den Schleusenwärtern auch hinlänglich bekannt. Ebenso bekannt war allerdings auch, das >ORION< am Sonntagabend fast immer so zwischen 20,00 Uhr und 21,00 Uhr von irgendwo zurück kam. Der

Schleusenwärter hatte dann seinen „Gehilfen" längst freigegeben. Auf >ORION< konnte er auch alleine warten, denn wir waren noch immer unterwegs. Wenn wir dann endlich vor der Schleuse auftauchten, war diese schon geöffnet, und wir konnten ohne Aufenthalt einlaufen, HERRLICH!!! Nach dem Schleusen machten wir am Anleger fest, stellten alles ab, und gingen ins Bootshaus. Das war damals noch das Alte, aus Baucontainern vom „Huntesperrwerk", zusammen gebaute, aber „urgemütliche", Bootshaus. Der lange Tresen war voller Vereinskameraden, aber zwei Plätze wurden sofort für uns frei, und zwei „Charlys" kamen auch schon auf den Tresen. Alles sah uns an, und dann kam die übliche Frage: „Was ist los??? Nix passiert???" Antwort: „Nee, wieso???" Aber dann kam dann doch auf den „Tisch" was uns so mit, oder auch ohne eigenes „Missgeschick", an diesem Wochenende so wiederfahren war. Aber so war das eben, wenn man viel unterwegs war, und auch noch über die eigenen „Missgeschicke" lachen konnte, und sich nicht scheute so was auch noch zum Besten zu geben!!

# MASCHINENSCHADEN

Jedoch, eines Tages, auf der Fahrt von Cuxhaven nach Hamburg, in Höhe Brunsbüttel, hat der Diesel seinen Dienst eingestellt, Ruhe im Schiff!! Wir fuhren von der „Fly" das Schiff, und da oben konnte man ohnehin die Maschine nicht hören. Das Problem war, der Diesel hatte keine elektrische Öldruck-Anzeige. Die Anzeige erfolgte jeweils über Schläuche zu den Manometern am jeweiligem Fahrstand. In der Nähe der Maschine hat dieser Schlauch seinen Geist aufgegeben, und weg war das Öl. Kolbenfresser!! Wat nu???? Anker runter, und DGzRS (Deutsche Gesellschaft zur Rettung Schiffbrüchiger) angefunkt. Diese netten Leute kamen sofort mit ihrem Beiboot aus dem Hafen Brunsbüttel, nahmen uns auf den Haken, und brachten uns in den Yachthafen, und zwar an die „Mastziehanlage". Ich hatte ja bereits mitgeteilt, das der Motor raus musste. Der DGzRS hatte seinerseits schon den Hafenmeister informiert, super!!!

Als wir fest waren, haben wir unseren Sohnemann in Hamburg angerufen, und ihn mit unserem Auto nach Brunsbüttel bestellt. Auch das hat wunderbar geklappt. Als Sohnemann samt Kumpel in Brunsbüttel ankam, hatten wir den Motor schon losgeschraubt, und alle Verbindungen gelöst. Wir haben uns dann alle ins Auto geschwungen, und sind nach Hamburg gefahren, und zwar zu „KIESOW", eine riesig große Autoverwertung. Glück gehabt, war kurz vor Feierabend. Dort konnten wir einen 240ger Mercedes Diesel sehr günstig kaufen (im Tausch gegen den defekten Motor). Mit dem Motor im Anhänger sind wir wieder nach Brunsbüttel gedüst. Mit der Mastziehanlage haben wir dann gemeinsam den kaputten Motor aus dem Schiff gehoben, und den „Neuen" eingesetzt. Da es ja der gleiche Motor war, hat natürlich alles gepasst. Am Morgen war alles fertig, und auch die Ölleitung war repariert, und nach einem kräftigen Frühstück haben wir die Leinen in Brunsbüttel losgemacht, und sind weiter gefahren, nach Hamburg. Sohnemann und sein Kumpel sind mit dem Auto zurück nach Hamburg, haben den alten Motor zu Kiesow gebracht, und alles war wieder „Paletti".

# TOM

*und*

# JERRY

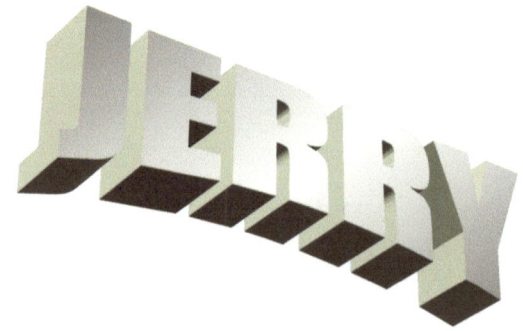

# TOM und JERRY

Es war ein heißer Sommertag, im August, am 11. 08. 2014. Das Thermometer im Schatten auf unserer Terrasse zeigte 34 Grad Celsius. So um die Mittagszeit ging Ute mit unseren drei Hunden, Benny, Floh und Tommy, eine kleine „Gassirunde" auf dem Campingplatz.

Liebe Grüße von Ute und Floh, Benny und Tommy

Für eine große Runde war es einfach zu warm. Unterwegs begegnete ihr ein Spanier mit seiner Tochter. Der Spanier hatte, in einer kleinen Hundebox, einen kleinen Yorkshire-Terrier, und seine Tochter hatte den kleinen Bruder des Yorkshires auf dem Arm, in der prallen Sonne. Unmöglich!!! Und sie wollten diese Kleinen, vier Wochen alten Yorkshire-Terrier, auf dem Caravaning verkaufen, und das für jeweils 250,00 €. Ute hat die Beiden erst einmal „angemacht", viel zu jung, müssten noch bei der Mutter sein, die können ja noch überhaupt nicht eigenständig fressen!! Leicht Beleidigt zogen die Beiden daraufhin weiter, und Ute beendete Kopfschüttelnd ihre „Gassirunde".

In unserer Casa angekommen, setzte sie sich erst mal wieder an ihren Computer, der sich noch im „Internetmodus" befand, und beschwerte sich gar fürchterlich bei Anja, von der Yorkiehilfe in Deutschland. Anja überlegte kurz, und bat Ute dann, die beiden Spanier zu suchen, und denen die beiden Yorkies abkaufen, eventuell mit einem geringeren Preis. Die beiden kleinen würde sonst sicherlich in Kürze das „Zeitliche segnen". Gut, als Ute auf unsere Terrasse kam, standen Vater und Tochter direkt vor unserer Casa am Zaun, in der prallen Sonne. Wir haben dann mit den Beiden gesprochen, und wollten den Preis drücken. Die Spanier hatten wohl den Vater der beiden Yorkies, hat er uns auch per Bilder auf seinem Smartfone gezeigt, und auch die Registrierkarte des Yorkievaters und auch seinen Ausweis hat er uns gezeigt. Wir nehmen an, das es sich bei den beiden kleinen Yorkies um die „Deckprämie" handelt, und aus denen sie wohl Geld machen wollten. Hauptsächlich sicher die Tochter, der Vater eigentlich weniger. Aber sie wollten den Preis nicht reduzieren. Ute ging in ihr „Büro", holte einen gewissen Geldbetrag aus ihrer „Hundekasse", auch nicht wenig, und hielt den Spaniern die Euros unter die Nase. Eigentlich lehnen wir so etwas grundsätzlich ab, aber es war halt eine Ausnahme, und die Kleinen mussten gerettet werden. Aber Vater und Tochter waren sich da wohl einig, noch, und wollten keinen geringeren Preis akzeptieren. Na, sagten wir, dann eben nicht, adios. Gedacht haben wir allerdings: die kommen schon wieder!! Wir gingen in unsere Casa, und die beiden Spanier gingen weiter. Da ich irgendwie davon überzeugt war, das die Beiden zurückkommen würden, schaute ich „mal um die Ecke", und siehe da, ein paar Parzellen weiter standen die

Beiden und stritten sich. Der Vater hatte seine Box samt Yorkie auf den Boden abgestellt, und meinte wohl zu seiner Tochter, sie solle doch selber sehen, was sie will, und wollte weitergehen. Ich bin wieder reingegangen, abwarten!! Minuten später standen die beiden Spanier wieder vor unserer Casa. Nun waren sie mit den angebotenen Euros einverstanden und wir haben die Kleinen übernommen. Da wir zu der Zeit, außer unseren drei eigenen Hunden, auch noch zwei Pflegehunde hatten, waren es nun sieben an der Zahl!!

Die Zwei „Neuzugänge" stören zwar nicht, die laufen ja noch nicht viel, schlafen meistens, und „Gassigehen" ist ja ohnehin noch lange nicht drin. Aber die Beiden machen ja ungeahnt viel Arbeit. Ute musste die Kleinen ja an der Flasche ernähren. Wir haben uns von Karin ein transportables Kinderbett ausgeliehen und ins Wohnzimmer gestellt. Das war nun das Revier der beiden Yorksher-Terrier, ausgelegt mit so etlichen Tüchern und Decken. Von nun an lief unsere Waschmaschine fast im Dauerlauf. Das Wohnzimmer glich fast einer „Entbindungsstation".
Aber die beiden Kleinen machten sich gut, und entwickelten sich ganz prächtig, und wurden immer

kräftiger und munterer. Irgendwann fingen sie auch schon mal an, Welpefutter zu fressen, aber noch sehr bedingt.

Nach so etwa vier Wochen wollten die Beiden ihre Umwelt erkunden, und wollten aus ihrem Kinderbett raus. Minuten-, später Stundenweise haben wir sie dann in unserer Casa rumlaufen lassen, wobei wir alle Lücken verschließen mussten. Die Beiden haben sich ganz toll entwickelt, und wurden auch immer mutiger. Nachdem sie ihre Grundimpfungen erhalten hatten, durften sie auch auf der Terrasse frei laufen. Das fanden die Beiden auch ganz toll und aufregend. Alle unseren anderen Hunde wollte so ab und an mit den Kleinen Spielen, aber ansonsten gab es hier bei uns überhaupt keine Probleme. Alle haben sich mehr oder weniger gut verstanden.
Ute musste ja, zwecks Hüftoperation, in den nächsten Wochen nach Deutschland, und dann könnte es für mich sehr „eng" werden. Aber Ute konnte unsere beiden Pflegehunde noch rechtzeitig nach Deutschland vermitteln, und somit waren schon mal zwei weg, „nur" noch fünf!! Die beiden Yorkshire-Welpen, immerhin schon fast drei Monate alt, Geimpft, Gechipt und mit EU-Pässen versehen, konnte Ute zwei Tage vor ihrem Abflug nach Deutschland, nach Alicante, mit einem Hundetransport zum Flughafen, mitnehmen, wo diese dann von einer Tierschützerin aus Denia übernommen wurden. Wir hatten uns allerdings schon so sehr an diese

munteren Yorkies gewöhnt, das der Abschied schon recht schwer gefallen ist. Mir kommen jetzt noch, beim Schreiben, die Tränen. Einen Tag später fuhr diese mit dem Auto nach Deutschland, mit den Hunden. Dort wurden die beiden dann sofort von den neuen Besitzern übernommen, und zwar, was supertoll ist, alle beide!!
Nun sind beide in Deutschland bei einer neuen Familie und erfreuen sich ihres Tollen Lebens!! Und die neue Familie auch, was sehr wichtig ist, und wir bekommen auch immer ganz tolle Bilder von den Beiden geschickt.

So hat sich wieder einmal alles geregelt, und ich hatte hier, in Utes Abwesenheit, mit unseren drei Vierbeinern, und so einigen Katzen, ein ruhiges Leben. Aber zum Glück kann ich Ute am 17. November wieder vom Flughafen Alicante abholen, und nach so einigen Wochen der Erholung, kann der „Alltag" wieder bei uns einkehren!!
Ach, ja, vor ein paar Tagen, ich war gerade mit meinem Computer beschäftigt, standen auf einmal zwei Leute vor unserer Parzelle. Ich ging nach draußen, und, ob man es nun glaubt, oder nicht, da standen doch tatsächlich die beiden Spanier, Vater und Tochter, am Zaun. Die Beiden wollten mal schauen, wie es den beiden Yorkiewelpen

geht. Tja, da waren sie ein paar Wochen zu spät. Ich habe ihnen dann erzählt, das die beiden Kleinen in Deutschland sind, und das sie auch zusammen bleiben konnten, und das es ihnen so richtig gut geht. Ich glaube, die Beiden haben sich richtig gefreut?!?! Vielleicht doch ein wenig „Schlechtes Gewissen"??? Na ja, jedenfalls sind sie daraufhin freudestrahlend weiter gezogen. So etwas gibt es also doch noch. Allerdings kann man auch denken, das sie nur mal sehen wollten, ob wir schon wieder Platz für den nächsten Nachwuchs haben, womit sie dann eventuell ein paar Euros verdienen können? Wer weiß das schon? Aber wir wollen ja „positiv Denken"!!

La Manga, den 31.10.2014<br>Horst Friese

Ja, genauso hatte ich mir das schon gedacht:
Fast genau ein Jahr später standen zwei Spanier, der Vater mit seiner Tochter, mit einem 3 Wochen jungen Yorkshire- Welpen vor unserer Casa, und wollten den Kleinen für 250,00€ verkaufen. Zuhause hätten sie noch drei so kleine Welpen. Und die Mutter der Kleinen hätten sie auch zu Hause. Wir haben ihnen dann gesagt, sie sollen den Kleinen mal wieder zu seiner Mutter bringen. Darauf meinten sie, die Mutter hätte zu wenig Milch!?!?!?
Wir haben die Beiden weggeschickt, sie könnten ja in einigen Wochen noch mal vorbeikommen. Sie schauten uns dann recht sparsam an, und fragten noch, wie viele wir dann haben wollten?!?! Als wir daraufhin gesagt

haben: 50,00 € für zwei Welpen, zogen sie beleidigt von dannen.

Wir fragen uns jetzt natürlich, ob wir eventuell das Leben des Kleinen auf dem Gewissen haben? Aber was sollen wir denn machen??? Zur Zeit haben wir auf unserer kleinen Parcela außer unseren eigenen drei noch drei Pflegefälle zu versorgen. Irgendwann geht nix mehr!!!

Warten wir mal ab, wie die Sache weitergeht?!?!?!

La Manga, den 01.08.2015

Horst Friese

# TOMMY

# TOMMY

Eines Tages, ich glaube es war im Juli 2013, rief Mercedes, eine Tierärztin in Los Alcazares, an. Sie hätte schon seid einigen Wochen einen kleinen Yorkshire-Terrier bei sich zu Hause. Der kleine Kerl, auf der Straße gefunden, ist bei ihr abgegeben worden. Die Frage war, ob wir den Kleinen vermitteln können? Klar können wir das!! Wir sind dann sofort nach Los Alcazares zu Mercedes in die Praxis gefahren und haben uns den kleinen Kerl angesehen. Unverständlich, das so etwas einfach weggeworfen wird. Das war natürlich ein „Fall für uns". Mercedes hat dann den ca. 5 Jahre alten Yorkie kastriert, gechipt und geimpft, und ein paar Tage später haben wir den Kleinen, den wir auf den Namen „TOMMY" getauft haben, abgeholt.

Bei uns zuhause, auf dem Caravaning, konnte der kleine Tommy sich erst mal eingewöhnen. Unsere beiden, Floh und Benny, haben ihn auch weitestgehend in Ruhe gelassen, damit er sich erst einmal einleben kann. Das machen unsere beiden immer ganz toll, wie bei allen Hunden, die vorübergehend bei uns sind.

Nun ging das „normale Leben" bei uns auf der Parzelle wie gewohnt weiter. Tommy entpuppte sich als ein ganz lieber, angenehmer Hund. War kaum zu bemerken, und Floh und Benny haben sich auch schnell an Tommy gewöhnt. Allerdings sollte Tommy ja vermittelt werden, und uns dann wieder verlassen, und zu einer, hoffentlich netten, Familie umziehen.

Ute war schon, wie immer, an ihren Computer, um ein neues Zuhause für Tommy zu finden, mit allem was dazu gehört.

Es dauerte auch nicht sehr lange, da meldete sich auch schon, über die „Yorkyhilfe" in Deutschland, jemand, der den Kleinen gerne Adoptieren möchte. Es waren Deutsche, die allerdings in Frankreich, in Tuolouse, wohnten. Die Beiden, die schon eine Yorkshire-Hündin hatten, wollten zu uns kommen, und den Hund selbst abholen. Toll, das hatten wir bisher ja noch nie!!! Na gut, die Beiden sind dann von Toulouse nach Sevilla geflogen, haben sich dort in ein Hotel eingebucht.

Nachdem die Beiden sich in einem dortigen Tierheim schon mal umgeschaut haben, kamen sie zu uns nach La Manga gefahren, und haben sich „unseren" Tommy angesehen. Waren nette Leute, und unser Tommy hat ihnen auch gleich gefallen, und Tommy hat auch gleich mit den Beiden rumgekuschelt. Aber Alex, so hieß der Mann, war wohl übervorsichtig, und meinte, das er den Kleinen, obwohl er von einer Tierärztin kam, erst mal bei einem hiesigen Tierarzt total durchgecheckt werden sollte. Na ja, sein gutes Recht. Ute ist dann am nächsten Tag mit Tommy und den vermutlich neuen Besitzern zu Manolo, einer unserer hiesigen Tierärzte, gefahren. Tommy wurde total durchgecheckt, geröngt, auf „Herz und Nieren" untersucht und auch noch per Ultraschall gecheckt. Dann wurde noch ein Blutbild erstellt, mit dem Ergebnis das alles in Ordnung ist, das Tommy ein total gesunder Hund ist. Die komplette Untersuchung hat Alex bezahlt, und das war nicht wenig.

Die „neuen Besitzer" haben sich hier in der Nähe mit Hund in ein Hotel eingemietet und haben sich drei Tage, in denen sie auch immer wieder bei uns waren, mit Tommy beschäftigt.

Ute war sich eigentlich nicht sicher, ob sie den kleinen Kerl überhaupt noch abgeben wollte, ich allerdings auch nicht. Aber was soll's, vermittelt ist vermittelt!! Na ja, am letzten Tag ihres Aufenthaltes hier bei uns, kam dann ein Einwand, den wir allerdings auch verstehen konnten: Sie wollten am nächsten Tag zurück nach Frankreich fliegen. Anschließend wollten sie für so ca. fünf Wochen nach Thailand, in ihr dortiges, riesiges, Haus, fliegen. Ihr eigener Hund kannte die Strapazen des langen Fluges schon, und auch die Verhältnisse in Thailand. Dem kleinen Tommy wollten sie das nicht zumuten, was wir durchaus verstehen konnten. Also fragten sie uns, ob wir Tommy solange bei uns behalten wollten, und Anfang September, wenn sie zurück wären, wollten sie dann wieder herkommen und Tommy abholen. Wir waren sofort einverstanden, und so wurde es dann auch gemacht. Futtergeld hat Alex uns auch noch gegeben, und Tommy blieb erst mal noch für ca. sechs Wochen bei uns.

Wir hatten den kleinen Kerl ja sowieso schon viel zu lieb gewonnen. Und Floh und Benny ebenfalls.

Die Wochen vergingen, und wir haben nichts von Alex und Frau gehört. Wir haben uns mal unter der Internetadresse von Alex umgeschaut. Alex, das hatte er uns allerdings schon erzählt, handelte mit Luxusautos. Scheint sich zu Rechnen, wir fanden jedenfalls in Thailand unter seiner Adresse ein riesiges, schmuckes Haus, ganz toll. Übrigens, Alex's Frau, eine Thailänderin, arbeitet in Toulouse bei Aerospace.

Anfang September tat sich erst auch nix, und ich habe dem Tommy versprochen, wenn ihn die Beiden nicht abholen kommen, bleibt er einfach bei uns. Da wir gerade Besuch hatten, haben das alle gehört, und Ute ist auch sofort darauf angesprungen und hat mich „festgenagelt", quasi unter Zeugen. Ich wollte eigentlich immer nie mehr als zwei Hund als „unsere" haben, aber versprochen ist versprochen!!! Doch irgendwann rief Alex bei uns an, und teilte uns mit, das sie wieder in Spanien, in Sevilla, seien. Sie wären dort auch noch mal im Tierheim gewesen, und da sei ihnen förmlich eine ganz tolle Hündin vor die Füße gefallen, und die hätten sie gleich mitgenommen, und ob wir böse wären, wenn sie uns den Tommy schenken würden??? Waren wir natürlich nicht, und seid dem ist auch Tommy unser eigener Yorkie, und alles ist ganz toll!!

# UNSER HAUS IN SPANIEN

Horst Friese

# Unser „HAUS" in Spanien

Alles fragt sich immer wie wir hier so wohnen, auf dem CARAVANING LA MANGA DEL MAR MENOR. Also, in einem Zelt wohnen wir nicht!! Hier auf dem Caravaning La Manga, in Parzellen von 84m² und 100m² aufgeteilt, kann man so eine Parzelle mieten, oder auch kaufen. Allerdings nur noch von „Privat", der Campingplatz darf, um den Status „Campingplatz" nicht zu verlieren, keine weiteren Parzellen mehr verkaufen. Da wir nicht Mieten wollten, haben wir uns eine 84m² große Parzelle, von Privat, gekauft. Alles über einen Notar, und mit Eintragung ins Grundbuch und mit einer „ESCRETURA", einem Eigentumsnachweis.

Diese Parzellen haben Strom-, und Wasseranschluss, sowie Anbindung an die Kanalisation. Dafür bezahlen wir monatlich eine Pauschalsumme in Höhe von 85,00 €. Die Müllabfuhr ist ebenfalls in dieser Pauschale enthalten, ebenso anteilig die Instandhaltung des Caravaning und auch den Parkplatz fürs Auto. Die, auf dem Caravaning vorhandenen Einrichtungen, wie Schwimmbad, Kinoplatz, Tennisplätze, Tischtennisplätze, Squashplätze, Bolzplatz, Trimmgeräte im Freien, Minigolfplatz, können kostenlos benutzt werden. Das beheizte Hallenbad mit anhängendem Fitnessraum können gegen eine geringe Gebühr genutzt werden. Kurz hinter der Einfahrt zum ca. 0,5 Km² großen Campingplatz ist ein großer SPAR-Supermarkt mit ganz normalen Preisen, also keine „Campingplatzpreise". An der Nordseite, also am Mar Menor, ist ein großes Restaurant, in dem man gut Essen und Trinken kann, und zwar ebenfalls zu ganz moderaten Preisen.

Das war der Campingplatz, nun zu unserer CASA:

Wir haben die Parzelle, 84m² groß, im August 2009 von Privat gekauft. Alles legal über einen Notar. Die Eintragung ins Grundbuch und die „ESCRETURA" sind vorhanden!!

Auf der Parzelle stand ein Mobilheim, 8m x 3m, in dem ein Wohnzimmer mit Küche, eine Toilette, eine Dusche mit Waschbecken, und ein Schlafzimmer eingebaut waren, und ein Extrabau, 4m x 1,70m, in dem eine Küche auf der einen Seite, und ein Bad mit Waschbecken, Toilette und Dusche auf der anderen Seite vorhanden sind. Hinter dem Bad befindet sich ein 80 Liter Warmwasserboiler, für Dusche, Waschbecken und Küche. Der Herd in der Küche ist gasbetrieben. Über der Terrasse ist eine bewegliche Beschattung, und an der Vorderseite eine Sonnenschutz-Markise. Im Wohnzimmer befindet sich die Klimaanlage, mit der wir im Winter auch Heizen.

Da dieses alles nicht so recht unseren Vorstellungen entsprach, haben wir so einiges umgebaut.

Dusche und Toilette wurden ausgebaut. Ebenso die Küche, sind ja im Extrabau vorhanden,.

Zwischen Wohnzimmer und Schlafzimmer haben wir dann mittels massiven Holzwände ein Büro eingebaut.

Zwischen Mobilheim und dem Extrabau entstand dann ein Flur, und somit darüber viel Abstellraum, erreichbar über eine Leiter hinter der kleinen Werkstatt, die wir hinter dem Mobilheim eingebaut haben. Da der Boden der Parzelle, wegen Wasserablauf, ein ca. 6%tiges Gefälle hat, haben wir den Fußboden im Flur so um ca. 20 cm angehoben, ohne Gefälle. Somit verschwanden dann auch die Stufen vor Küche und Bad. Vor dem

Extrabau haben wir eine geräumige Essecke eingerichtet, mit einer Dreiflügeligen Türe, neben der Haustüre.

Da die Beschattung über der Terrasse bei, wenn auch wenigem, Regen nicht Wasserdicht ist, haben wir mittels Stahlrohrkonstruktion und Doppelstegplatten ein festes Dach, durch das aber noch die Sonne scheint, über die Terrasse gebaut. An der Sonnenseite der Terrasse ist eine elektrisch betriebene Markise.

Hinter dem Mobilheim befinden sich noch so einige Schränke, in denen man so diverse Sachen unterbringen kann.

Zur Lage: Bis zum Mar Menor sind es ca. 300 Meter. Bis zum Mittelmeer ca. 5 bis 10 Minuten per Auto, je nachdem wohin man will.

Bis zu den nächsten Einkaufsmöglichkeiten sind es so ca. 6 Km, und bis Cartagena so 25 KM, ebenso bis Alcazares.

Nun hört sich das alles ja supergut an, ist es ja auch, und wir wohnen sehr gerne hier, und wir würden auch nie von hier weggehen. Wir wohnen hier wirklich super!!! Aber, da wir sehr viel mit Hunden und deren Vermittlung zu tun haben, alles Ehrenamtlich, wird unsere Parzelle so langsam zu klein. Alleine aus diesem Grund suchen wir zur Zeit, allerdings hier in der Nähe, eine, für uns geeignete, Finca mit ca. 2000m². Aus diesem Grund wollen wir unsere Parzelle, komplett wie sie ist, verkaufen. Und das alles für die Hunde!!!

Im Anschluss noch ein paar Bilder:

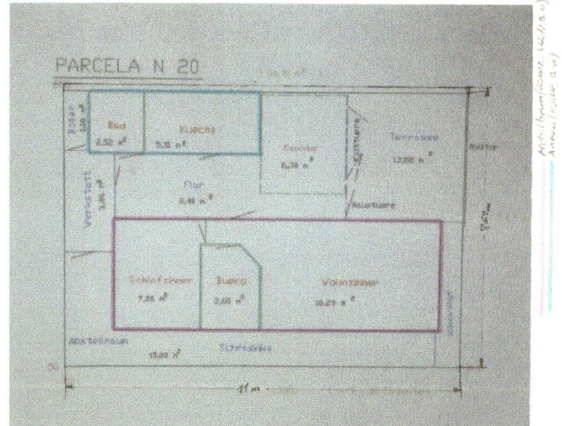

Grundriss

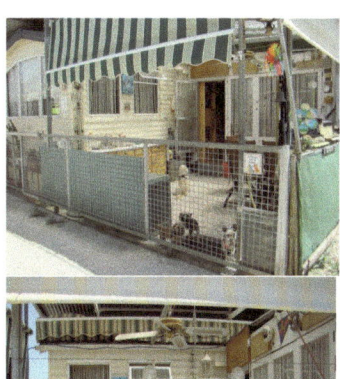

Vorderansicht

Flur    Essecke

Wohnzimmer

Büro   Schlafzimmer

Bad   Küche

# Horst, der Seefahrer

Also, ich fuhr, bei wenig Wind und Wellen, mit unserem Miniboot in Richtung Los Nietos. Vollgas!!! Da ich alleine an Bord war, stand bei Vollgas das Boot vorne ganz schön hoch. In Höhe Mar Cristal wollte ich mal sehen, ob das Boot gerade im Wasser liegt, wenn ich mich nach vorne setze. Ich bewegte mich also langsam nach vorne. Dadurch wurde das Boot natürlich hinten entlastet, und vorne belastet. Ohne Fahrt im Boot wäre das auch kein Problem gewesen, aber bei voller Fahrt!!! Also, das Boot schnitt vorne unter, tauchte ab und kenterte!!!! Ich natürlich kopfüber ins Wasser! Boot schwamm Kieloben, und ich daneben! So ca. eine Meile vom Ufer weg. Na ja, erstmal meine Mütze eingesammelt, wegen Sonnenbrand auf der Glatze. Dann das treibende Boot gegriffen, eine Leine genommen, und in Richtung Ufer geschwommen. Ganz schön weit!!! Aber, als ich mich mal so in der Runde umsah, kam da doch tatsächlich ein Boot von der Seenotrettung aus Islas Menores an gerauscht. Die haben mich dann zur Bucht vor dem Caravaning geschleppt. Dort habe ich das Boot wieder aufgerichtet und an meine Boje angebunden. Der Motor war natürlich unter Wasser, aber der läuft inzwischen wieder!!
Ute hat sich kaputtgelacht, als ich so ohne
Hemd und barfuss angelatscht kam, und berichtet habe.

Horst Friese

La Manga, den 21.07.2015